AF312025

L'ABBÉ LÉON ROUZAUD

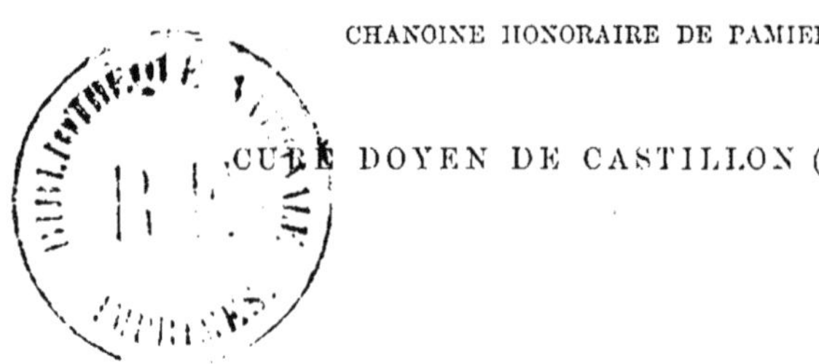

Stabat juxta crucem.

Je veux arrêter en quelques modestes pages les traits de ce prêtre qui fut pour moi un frère, bien que je ne l'aie pas appelé de ce doux nom. Nous étions fils de sœurs et de cousins germains; le même sang coulait dans nos veines; nos cœurs battaient constamment à l'unisson; nos âmes étaient liées l'une à l'autre comme celles de David et de Jonathas. La mienne est isolée maintenant et comme désorientée. J'avais, quand il vivait, la nostalgie du pays et des presbytères qu'il habita; à présent, je ne songe plus qu'à le rejoindre au ciel.

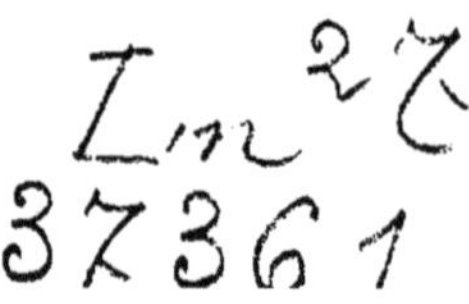

L'ABBÉ LÉON ROUZAUD

CHANOINE HONORAIRE DE PAMIERS

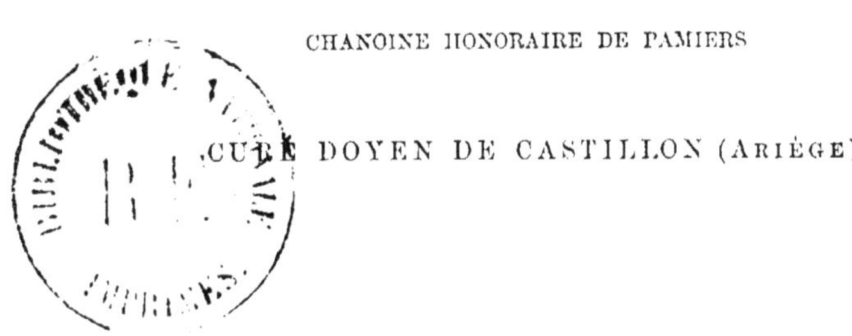ANCIEN CURÉ DOYEN DE CASTILLON (ARIÈGE)

Stabat juxta crucem.

Je veux arrêter en quelques modestes pages les traits de ce prêtre qui fut pour moi un frère, bien que je ne l'aie pas appelé de ce doux nom. Nous étions fils de sœurs et de cousins germains; le même sang coulait dans nos veines; nos cœurs battaient constamment à l'unisson; nos âmes étaient liées l'une à l'autre comme celles de David et de Jonathas. La mienne est isolée maintenant et comme désorientée. J'avais, quand il vivait, la nostalgie du pays et des presbytères qu'il habita; à présent, je ne songe plus qu'à le rejoindre au ciel.

I.

Il naquit sur la fin du mois de décembre de
1826, dans ce pauvre village de Sem, d'où est
sortie une vraie tribu sacerdotale. Cette germi-
nation poussait, il y a plus de quarante ans.

En ce temps-là, c'est-à-dire de 1840 à 1855,
nous étions quinze ou vingt pressés autour d'un
très digne prêtre, M. l'abbé Augé, lequel portait
sur ses traits et dans toute sa personne la grande
empreinte de nos ancêtres d'avant la Révolution.
M. Izac l'avait formé à Toulouse. Il était rentré
à Pamiers pour être directeur au Grand Séminaire; de là, il devint curé d'une immense paroisse, et à trente ans, attiré par sa famille, il
monta à Sem d'où il n'est plus descendu.

Nos parents, sur ses conseils, nous avaient
confiés tout petits à un brave instituteur, ancien séminariste, qui nous apprit ce qu'il savait :
les grammaires française et latine de Lhomond,
l'Epitome, les fables de Lafontaine, et très peu
de mathématiques, ce qui nous préserva sans

doute d'aspirer à l'École Polytechnique ou à Saint-Cyr.

Nous étions, d'ailleurs, pauvres, sans être misérables, nourris abondamment chaque jour d'un pain laborieusement gagné par nos parents. La noblesse et la fécondité du travail se sont ainsi manifestées à nous de bonne heure. Cette révélation précoce est un immense bienfait; elle met dans l'âme des enfants l'éloignement des sollicitations sans dignité et des spéculations hasardeuses qui enrichissent un homme du matin au soir.

La montagne qui domine notre village était un trésor de fer alors en pleine exploitation. La vallée sombre, que les voyageurs montant vers Ax voient s'ouvrir à Notre-Dame-de-Sabart, était animée par plus de vingt forges à la catalane. Ces grands bruits de marteaux, ces feux allumés jour et nuit, ces longues files de mulets chargés de minerai et conduits par des femmes et des enfants, ces hommes qui descendaient le soir de la montagne, noirs et harassés, et qu'on voyait quelques instants après propres, reposés, assis au soleil couchant..., tout cela a rempli nos âmes d'une poésie sévère, mais surtout de grandes et profondes impressions qui nous ont bien servi dans la vie.

Nous avions, il est vrai, bien d'autres leçons et de plus éloquents exemples. Nos pères et nos grands-pères n'étaient pas tous lettrés, mais ils avaient une culture supérieure à toutes les sciences d'aujourd'hui. L'un d'eux, mort plein de jours et de mérites, est demeuré célèbre dans le pays : il sera l'éternel honneur de nos familles. Léon reçut également ses leçons. Ce vieillard charmant, plein d'esprit et de saillies, estropiant, quand il citait les sermons de son curé d'avant 93, un latin qu'il comprenait d'ailleurs et qu'il appliquait avec un merveilleux à propos, est bien la physionomie la plus attachante qui se soit encadrée dans nos souvenirs. Il avait littéralement une foi à transporter les montagnes, et on s'étonnait qu'il ne fît pas de miracles, ramenant tout à Dieu, le retrouvant partout, le représentant tenant en main les peuples, les rois, les riches, les pauvres, composant pour nous, en un mot, sans s'en douter, et dans un français que n'aurait pas reçu l'Académie, mais qui nous charmait par ses tours, son pittoresque, ses vues sublimes, le *Discours sur l'histoire universelle,* de Bossuet.

A la façon de nos bons aïeux, il nous prenait, petits garçons, dans son immense lit, et une partie des nuits se passait à l'entendre. Ces moments étaient délicieux : il les consacrait au récit en-

chanteur de la vie des Pères du désert, à nous ra-
conter les horreurs de la Révolution qu'il avait
traversées ; il disait comment avaient été cachés
les saints de notre église, comment le curé, sur-
pris célébrant la messe, avait dû s'échapper en
vêtements sacerdotaux, comment lui, pauvre
garçon de dix-sept ans, il s'était réfugié en Espa-
gne, poursuivi pour avoir crié : Vive Louis XVII!
le jour où arriva la nouvelle de l'exécrable
meurtre de Louis XVI, comment on avait voulu
l'obliger à porter des pierres au temple de la
Raison qui se bâtissait dans une petite ville voi-
sine. Il terminait ce dernier récit par ce mot qui
nous pétrifiait : « La main de Dieu est là! vous
la verrez quand vous serez assez grands pour
aller à Tarascon. Entre ces murailles en ruines,
auxquelles ils nous ont forcé de travailler, on
fait maintenant, les jours de foire, danser les
ours ! »

Léon subit aussi le contact de cette grande
âme ; il l'a gardé jusqu'à la dernière heure.

Puis, c'était l'action de nos mères qui se
montraient chaque jour à nous avec des traits
que nous avons plus tard retrouvés si admirablement dépeints dans le livre des Proverbes :
« *Des femmes fortes possédant le cœur et toute la
confiance de leurs maris, et leur rendant pendan*

*tous les jours de leur vie le bien et non le mal;
cherchant avec soin la laine et le lin nécessaires
pour l'entretien de leur maison, et les travaillant
elles-mêmes avec des mains ingénieuses; se levant
avant le jour et préparant soigneusement leur
nourriture et leur besogne aux serviteurs et aux
servantes; mettant leurs mains aux affaires
considérables, mais ne négligeant pas de tenir le
fuseau avec leurs doigts diligents...; ouvrant leurs
mains aux pauvres, leurs bras aux indigents; ne
craignant ni le froid ni la neige pour ceux de
leur maison, parce qu'elles avaient soin de confec-
tionner pour tous de doubles vêtements...; fabri-
quant des toiles ou des tissus et vendant ensuite
aux étrangers le produit de leur travail... Ces
femmes ne mangeaient pas leur pain dans l'oi-
siveté, et voilà pourquoi leurs enfants et leurs
époux se sont levés pour les proclamer bienheu-
reuses* [1].

Portrait plein de vérité et de vie! Personne
mieux que nous ne l'admira dès l'âge le plus tendre! Et maintenant que presque tous ont disparu,
maintenant que les enthousiasmes sont éteints,
que la source des larmes est tarie ou bien dimi-
nuée, ce qui nous charme encore, ce qui nous

---

1. Prov. xxxi et *seq.*

émeut jusqu'au fond des entrailles et couvre nos visages de pleurs, c'est cette apparition de la première enfance que le temps, au lieu de la couvrir d'ombres, couronne de jour en jour d'une sorte de nimbe d'immortalité.

La mère de Léon était toute jeune et d'une grande beauté quand elle le mit au monde; elle avait à peine seize ans. Elle conserva longtemps cette figure radieuse, et ces beaux cheveux noirs, et ces yeux si doux qu'elle avait donnés à son fils, et ce tour de tête charmant, et ces traits fins qui se sont, m'a-t-on dit, comme perfectionnés et idéalisés quand il a dû rendre le dernier soupir.

C'est à cette école que nous fûmes formés, et c'est là, aussi bien que sur les genoux des grandes duchesses, qu'on nous inculqua les principes de la dignité humaine, le respect de nous-même, l'élévation des sentiments; là, surtout, que nous avons puisé et entretenu, pendant cette première période de la vie, dont les impressions ne s'effacent plus, ces saintes leçons de la foi qui ont fait de chacun de nous un honnête homme, un chrétien, et, si Dieu veut bien nous aider jusqu'à la fin, un prêtre selon le cœur de Notre-Seigneur Jésus-Christ.

II.

Le père de Léon, plus lettré que les nôtres, avait fait ses classes à l'Esquile et s'était trouvé sur les bancs de rhétorique à côté de M. Buissas, mort évêque de Limoges. Quand Léon eut atteint l'âge de quinze ans, et que nous étions déjà, lui à Pamiers, nous à Toulouse, son père l'offrit à l'évêque, son ancien condisciple, qui l'avait accepté. Heureusement pour le diocèse de Pamiers, nos parents s'opposèrent à cet éloignement.

Ce fut donc au Petit Séminaire de Pamiers, dirigé alors par M. l'abbé Dumas, prêtre fort distingué, que Léon reçut son éducation. Il s'y montra tout de suite pieux, appliqué, plein de délicatesse, bon et affable, excellent et fidèle ami, et nous avons vu autour de sa tombe, pleurant ce frère disparu de leur cœur, des prêtres qui l'avaient connu tout enfant et n'avaient plus cessé de l'aimer.

C'est dans nos Petits Séminaires que se forme le prêtre, et c'est là que des yeux exercés distinguent dans un jeune homme les premiers linéaments de ces traits qui composeront plus tard la physionomie du pasteur des âmes. Le meilleur curé n'est pas toujours celui qui fut le plus brillant rhétoricien, le logicien le plus serré, le plus pur humaniste. On a vu des maires de village couper net, avec leur gros bon sens ou leur astuce, des ailes de poète ; on a vu des orateurs dont les périodes cadencées venaient se briser au banc des marguilliers et dont l'éloquence demeurait impuissante devant l'aréopage du soir de *Quasimodo*. Le curé est un mélange singulier et admirable de diction, de savoir faire, de prudence, et surtout de dévouement et de piété. Chacune de ces choses mettent en relief un homme ; mais s'il ne les possède pas dans leur ensemble, il ne peut pas prétendre au gouvernement des âmes, où s'il l'exerce, ce sera parmi des difficultés 'inouïes et dans une désolante stérilité. Léon n'était pas orateur, mais il se faisait toujours écouter ; il n'était pas poète, mais il avait des moments d'inspiration sublime ; il n'était pas diplomate, mais il possédait le secret de tourner les difficultés sans s'y briser et sans heurter les hommes ; il n'avait pas une dévotion bruyante, mais on sentait en lui des convictions profondes qui se traduisaient par des accents

doux et tendres et par des attitudes d'ange devant le Saint Sacrement. Qu'il.parlât aux âmes
en chaire, au confessionnal, au chevet des malades, on ne disait pas : Que c'est beau! on
disait : Qu'il est bon!... Et on se rendait.

C'est avec cet heureux ensemble de qualités
augmentées d'une sensibilité peut-être excessive,
mais qui le rendit plus propre à s'attirer les
cœurs, qu'il arriva au sacerdoce. Nous lui fîmes
cortège dans la pauvre église de Sem où ces
fêtes se renouvelaient périodiquement depuis
quelques années. Nous comprîmes alors que le
diocèse s'enrichissait d'un nouveau trésor; et il
s'en alla exercer le saint ministère à Mazères.

Il eut le bonheur d'y rencontrer M. l'abbé
Tesseyre, un curé modèle, plein de cœur, et qui le
prit tout de suite en affection. Mgr Galtier, alors
sur le siège de Pamiers, voyant ce père et cet
enfant dans le sacerdoce si bien unis, les avait,
dit-on, dans sa pensée, désignés pour la ville de
Saint-Girons. La mort l'empêcha de réaliser ce
projet, qui fut repris plus tard pour Léon, désigné
comme vicaire de cette importante paroisse. Il
passa six ans dans cette petite ville où son amé-
nité, son zèle, sa piété vivent encore, et, en 1860,
il fut transféré à Goulier.

III.

C'était, d'un ministère plein de paix et de dou-
ceur, le jeter en pleine lutte et lui faire affronter
des tourmentes à la pensée desquelles son âme
dut s'effaroucher déjà. Goulier, voisin de Sem,
et composé aussi de mineurs, est une sorte de
peuplade à l'aspect redoutable, mais offrant, pour
qui sait la manier, de précieuses ressources. Le
type s'y est conservé fort, pur et très beau; les
passions y sont ardentes, les animosités s'y éter-
nisent; c'est une sorte de village corse aux mœurs
âpres, tempérées par des journées de travaux
forcés, mais aux cœurs généreux et bons, et avec
une foi n'admettant pas les délicatesses de la
piété et qui se montre à certains jours avec des
racines profondes et des explosions qui causent
une sorte d'épouvante aux étrangers. Si, comme
autrefois, les hommes chantent encore à l'église
le dimanche, les anges qui tiendront les trom-
pettes au jugement dernier doivent demeurer
seuls autour de l'autel.

L'admirable évêque de Pamiers a été sur le
point, dans sa visite pastorale, de succomber der-
nièrement sous l'enthousiasme de ce peuple dont
les embrassements sont en effet capables d'étouf-
fer. Léon aborda ces lions avec sa figure angé-
lique, son doux sourire, sa piété ardente et il les
conquit. Ils le gardèrent trois ans, et quand un
soir ils virent descendre ses meubles, plusieurs
de ces géants pleuraient. Les vieillards et les
hommes faits l'avaient connu petit enfant et ne
l'appelaient que de son nom de baptême; on assure
que pendant longtemps ils disaient dans leur
rude familiarité : « Des curés, il pourra en venir,
mais comme Léon, jamais! » Mgr Bélaval venait
de le nommer vicaire de Saint-Girons.

IV.

Il avait trente-cinq ans, c'est-à-dire qu'il était
dans l'épanouissement complet et splendide que
nous lui avons connu, avec l'expérience conquise
à l'endiguement des passions, au contact et au
soulagement des douleurs humaines, au manie-

ment des esprits turbulents et rebelles, avec
surtout cet amour des âmes dont la soif le tour-
mentait plus que jamais. Elles allaient, en effet,
maintenant lui arriver nombreuses pour faire de
lui un des plus heureux moissonneurs de la maison
de Dieu.

Saint-Girons est le paradis de l'Ariège : un
beau ciel, une terre abritée et féconde, des
cadres de montagnes harmonieusement dessinés,
une jolie petite cité aux maisons coquettes, une
vieille tour qui a l'air de prêcher sans cesse
la foi antique, une église nouvelle, pas assez
éclairée, mais aux belles proportions et avec un
luxe d'ornements que n'ont pas les grandes ca-
thédrales. Au milieu de tout cela, un peuple bon,
intelligent, aimable, profondément chrétien, qui
aime son Dieu, sa religion, ses prêtres, et qu'on
essaiera vainement de détacher de ces saintes
choses pour faire de lui un groupe sans croyances,
un ramassis d'athées.

En 1863, époque où Léon vint à Saint-Girons,
nous étions en pleine phase de l'Empire. Les pré-
tendues soupapes de sûreté, comme on disait
alors, de ce régime pour lequel l'histoire aura de
si justes sévérités, étaient établies jusque dans
les plus petites villes. Les fonctionnaires s'amu-
saient par ordre et devaient faire danser. Les

mœurs publiques commençaient à être battues en brèche par des productions malsaines ; l'Eglise et le Souverain Pontife étaient livrés à des plumes vénales et tarifées qui les rendaient odieux ou les couvraient de ridicule. Puis, le carême venu, tout ce monde allait au sermon, se mettait en deuil le Vendredi-Saint. et s'agenouillait à la sainte Table le jour de Pâques. C'étaient ces vertus panachées qui nous ont donné de si pitoyables fruits, ces accommodements qui nous ont habitué au mélange du bien et du mal, du juste et de l'injuste ; c'était, en pleine formation, cette génération d'où sont sortis tous nos malheurs, et qui a continué à se laisser depuis lors *façonner pour toutes les servitudes* [1].

Saint-Girons avait pour curé M. Tourte, un des prêtres les plus doux et les plus saints du diocèse. Il était demeuré plus de vingt ans à Ax ; on avait dû l'arracher à son peuple et il s'était vu obligé de fuir la nuit. Avant de quitter cette paroisse qui l'aimait tant, il vint s'agenouiller sur le seuil de l'église, le tint longtemps embrassé et l'arrosa de ses pleurs. Le vénérable M. Izac, son maître aussi, le faisait rougir comme un enfant en lui rappelant ce trait devant une nombreuse réunion d'ecclésiastiques.

1. Tacite.

M. Tourte, voyant venir ce prêtre qu'il jugea
d'un coup d'œil, se dit : J'ai passé l'âge du travail et des fatigues, je me reposerai sur lui ; et il
lui confia sa paroisse. On sait dans le pays ce
qu'il en advint et comment le bon pasteur fut
récompensé par le zèle de son ouvrier : il est
constant en effet que, sous l'action de ce prêtre,
la ville de Saint-Girons changea. Les soirées et
les bals en souffrirent ; mais la femme chrétienne
se retrouva avec ses pratiques sérieuses de piété
et ses devoirs du foyer, et l'éducation de ses
enfants, et la charité qui la fait descendre chez
le pauvre comme on va chez un frère bien-
aimé.

Léon passa six ans à Saint-Girons. Il ferma
les yeux de M. Tourte et de M. Pas, son succes-
seur. Il connut là toutes les joies, mais aussi
toutes les fatigues du ministère. Accablé de las-
situde et de sommeil après des journées et des
moitiés de nuits passées à visiter les malades
ou à confesser, il devait, au tribunal de la
pénitence, rester à genoux des heures entières,
afin de se tenir éveillé et de pouvoir mieux
entendre les aveux. Il fut de là transféré à
Rimont, paroisse très considérable, qu'il disait
être aussi grande que certains diocèses d'Italie,
avec une population disséminée dans les mon-

tagnes et les bois et formant plus de cinquante hameaux; il y passa six ans.

V.

Hospitalité délicieuse que ses parents et ses amis ont goûté là. qui pourra la redire ! Sa modeste table de Saint-Girons était toujours occupée par quelque étranger, et il s'entendait dire en riant qu'il avait du moins pour être évêque la première qualité demandée par saint Paul : *Oportet Episcopum esse hospitalem.* A Rimont, nous lui arrivions par colonies entières et nous nous rencontrions toujours avec des habitués du logis. Dans ce presbytère et dans des promenades charmantes se combinaient : et la réparation de l'église commencée sans argent, et la grande mission donnée peu de temps après son arrivée, et surtout la restauration de Combelongue.

Un soir, nous étions arrivés sur un sommet élevé, dominant un délicieux vallon; nous vîmes au fond quelques ruines où nous nous fîmes conduire par lui. C'étaient les débris d'une abbaye de Prémontrés et une chapelle romane à l'abside parfaitement conservée. Nous avions tous l'âge où l'on croit volontiers aux résurrections; nous étions d'ailleurs encore comme imprégnés de la jeune gloire que l'Eglise venait de faire rejaillir sur la pauvre petite Bergère de Pibrac. Ce nom gracieux, ce passé qui semblait demander à revivre, l'audace ordinaire à ceux qui n'ont à aventurer que des espérances, tout cela nous fit nous écrier : Il faut restaurer la chapelle et la dédier à sainte Germaine.

L'année suivante, ou peut-être plus tôt, on nous vit conduisant en cet endroit plus de six mille fidèles qui escortaient une belle statue de sainte Germaine. Nous lui fîmes une ovation et des triomphes comme reine de France n'en eut jamais; nous l'installâmes sous ces voûtes rajeunies; un autel, une balustrade avaient été apportés de Toulouse, c'était l'ornementation matérielle; le reste devait être plus beau.

Avec sa piété tendre et peut-être timide, Léon avait, en effet, le goût des œuvres, et presque toutes ses conversations étaient émaillées de cette exclamation : « Ah! l'argent!... on en trouve tant pour le mal; n'en trouverons-nous donc pas pour faire un peu de bien?... » Ne pouvant pas

en fondre, il y suppléait, et nous l'écoutions
ébahis, quoiqu'un peu incrédules, nous exposer
le secret de faire des briques et des planches à
bon marché. C'est qu'avec le culte de sainte
Germaine, et pour ainsi dire à l'ombre de cette
aimable patronne, il méditait une œuvre importante ; et son instinct sacerdotal lui donnant
comme des divinations, il nous prêchait déjà la
nécessité des écoles libres et voulait en fonder
une à Combelongue. Il y aurait joint, si les ressources étaient arrivées, un hôpital pour les
vieillards.

Nous l'encouragions dans ses rêves sans y
trop croire pourtant, et quand nous retournions
vers lui après quelques mois, il nous montrait des
pans de murs élevés, des planchers installés, des
portes et des fenêtres dressées. L'école de Combelongue fut ainsi fondée ; l'hospice eût été ouvert
sans doute, si la Providence l'avait laissé à
Rimont. Elle le destinait à autre chose.

VI.

Lorsque Castillon lui fut offert, il hésita longtemps à l'accepter à cause de l'œuvre de Combe-

longue. De petites passions se réveillèrent d'ailleurs dans le monde officiel de Saint-Girons et sa nomination se trouva enrayée. Elle arriva pendant le carême de 1875 et le nouveau doyen s'en alla sans bruit à Castillon.

Les touristes de Saint-Girons et d'Aulus connaissent cette vallée des Pyrénées, gracieuse comme un coin de la Suisse. Castillon est peut-être le plus petit chef-lieu de canton de l'Ariége, mais il est entouré de plus de trente paroisses, ce qui lui donne à certains jours une très grande animation. L'église, fort vaste et très belle dans son genre, est assise au sommet du bourg, sous une montagne couronnée d'une ancienne chapelle romane. Le presbytère, à l'ombre de cette colline, est noir et triste; des maisons pauvres l'entourent, car la population aisée est descendue pour aller chercher le soleil; c'est consolant au point de vue chrétien, mais cela donne froid aux membres et au cœur. Hélas! c'est dans cette demeure que devait, pendant vingt-huit mois, se poursuivre et se consommer la douloureuse passion du meilleur des prêtres!

Arrivé à Castillon, il cherche tout de suite un aliment à son activité. Il avait trouvé une école de sœurs à fonder, une maison de miséricorde à ouvrir, mais on lui suscita des obstacles insurmontables, et comme dédommagement on lui laissa le cimetière à assainir.

Tout est saint aux yeux du prêtre, les âmes comme les corps, la terre qui nous porte et que Dieu comble à chaque instant de ses bénédictions, mais surtout celle qui recevra un jour nos dépouilles. Le curé de Castillon s'enferma dans son cimetière pendant des mois. Il y fit des travaux de drainage, des nivellements, des déplacements de tombes, et quand tout fut terminé, il appela Mgr l'Evêque pour une bénédiction solennelle. On raconte que lorsque des amis venaient le trouver dans ce champ du repos, il leur disait en souriant qu'il préparait sa demeure, et quand la grande croix fut dressée, il aurait dit aussi qu'il voulait être enseveli à ses côtés. Rien pourtant n'annonçait la décrépitude. Il avait cinquante-huit ans, mais tout en lui respirait la force et la vie. A ce moment pourtant Dieu lui préparait le plus amer des calices; le jardin de son agonie devait s'ouvrir bientôt; il dut se préparer à y entrer.

VII.

Le mystère de la souffrance humaine est un livre fermé pour les hommes du monde; pour le chrétien ce livre est ouvert et il y lit à chaque page les motifs surnaturels de nos épreuves et de nos douleurs : « *Si quelqu'un veut venir après moi, qu'il se renonce, qu'il porte sa croix et qu'il me suive*[1]... *Je vous ai donné l'exemple, faites ce que j'ai fait*[2]. *Le Christ a souffert pour nous, nous laissant son exemple pour que nous suivions ses traces*[3].

Mais c'est le prêtre surtout qui, par une vocation spéciale, comprend que si la douleur inspire de l'horreur dans le monde, elle ne doit lui causer à lui que de la joie. Ne l'aide-t-elle pas en effet à expier les fautes qu'il aurait pu commettre : « *Si vous avez prêté vos membres à l'iniquité, mettez-les au service de la sanctification et*

1. Math., XVI, 24.
2. Joann., XIII, 15.
3. 1. Petr., II, 21.

de la justice [1]. Ne le rend-elle pas le Christ visible de ce monde : *Ceux qui sont du Christ crucifient leur chair avec les vices et les concupiscences* [2]. » Ne l'applique-t-elle pas à la Croix, dont il ne lui est pas permis de se détacher, et n'imprime-t-elle pas sur ses membres les marques sanglantes de la Passion ? Ne lui met-elle pas à la main cette coupe d'ineffables délices dont parlait saint Paul quand il s'écriait : « *Je déborde de consolations ; je nage dans la joie parce que je suis dans les tribulations* [3] ; *nous nous glorifions dans les afflictions parce que l'affliction produit la patience, la patience l'épreuve et l'épreuve l'espérance. Or, cette espérance ne nous trompe point* [4]. *Je sais que les souffrances de la vie présente n'ont point de proportion avec cette gloire qui nous sera un jour révélée... Le moment si court et si léger de nos tribulations produit en nous le poids d'une gloire incomparable* [5]. »

Le curé de Castillon connaissait cette doctrine, il l'avait souvent prêchée aux fidèles ; il allait la pratiquer. On avait vu en lui le Christ bon,

1. Ad. Rom , **VI**, 15.
2. Ad. Galat., v, 24.
3. II. Cor., **VII**, 4.
4. Ad. Rom., v, 3.
5. II. Cor., **IV**, 17.

miséricordieux, souriant; on allait y vénérer, y admirer *l'homme des douleurs*.

Il éprouva dans les commencements de l'année 1885 certains malaises que quelques uns, même parmi les hommes de la science, prirent pour des marques d'une exubérante santé. En mai, il vint à Saint-Girons consulter un médecin, son ami, qui l'envoya à Toulouse. Il nous arriva préoccupé, mais courageux, et prêt à une opération; il se confia au docteur Ripoll. Avec son expérience de maître consommé, celui-ci comprit tout de suite la nature du mal, se contint devant le patient en l'assurant qu'il n'avait qu'une affection ordinaire, mais nous livra le fatal secret. Ce secret, nous dûmes le garder et comme l'ensevelir dans cette région du cœur où sont les plus cuisantes et les plus intimes douleurs, et nous engageâmes le pauvre condamné à se tourner uniquement vers le Ciel.

Quel doux et ineffable bienfait que la foi quand on veut surtout essayer de sauver un ami dont la vie vous est plus précieuse que la vôtre, persuadé que vous êtes qu'il est plus apte à poursuivre l'œuvre de Dieu ici-bas! Nous fîmes ensemble le pèlerinage de Pibrac et de Lourdes, et Dieu sait quelle y fut la ferveur de nos prières! Lui, sentant déjà qu'il portait un germe mortel,

commençait à avoir les attitudes et la résigna-
tion d'une pure et sainte victime. La nature et le
désir d'en finir se combattaient pourtant dans
cette âme, mais sans la troubler. Il se laissait
persuader qu'il fallait demander une prolonga-
tion de jours pour faire du bien. Il convenait
tout ému, quoiqu'un peu confus, que ce pauvre
diocèse de Pamiers manquant de prêtres, c'était
presque un devoir de conscience de se conserver.
Il compatissait aux tristesses que devait ressentir
ce jeune et saint Evêque, à qui nous prêtions
ensemble ces mots des livres saints : *Ignem veni
mittere in terram et quid volo nisi ut accendatur*[1].
Rogate Dominum messis ut mittat operarios[2]. Cet
état d'âme, quelques intermittences dans le mal
qui n'avait pas encore pris ce caractère impla-
cable qu'il ne devait plus perdre, les sym-
pathies des vrais amis qui redoublaient, les
prières qu'on faisait partout, chez les pauvres,
chez les riches, au Carmel, dans les maisons de
charité, dans les pèlerinages, tout cela le mettait dans une sorte d'atmosphère de vagues
espoirs et de confiances probables. Après avoir
longtemps imploré le Ciel, il s'appuyait volontiers

1. Luc, xii, 49.
2. Luc, x, 2.

sur la terre, et des promesses qui lui étaient
faites, des assurances qu'on lui faisait par-
venir le captivaient pendant quelques jours.
C'est sur une de ces présomptions qu'il partit
pour Paris.

Le docteur Ripoll avait dit : Surtout pas d'opération ! Le célèbre Richer confirma en tous points
la consultation de son éminent confrère de Toulouse. Le malade comprit enfin, et voici ce qu'en
différentes lettres il écrivait :

« Ne va pas croire que j'oublie les moyens
« surnaturels, je n'ai d'espoir qu'en eux et il
« ne se passe pas une heure du jour que je ne
« tourne mes regards vers la croix et la sainte
« Vierge.

« Tu sais que tu es mon conseil et mon tout.
« Je veux ton avis sur l'opération qu'on me pro-
« pose ; aide-moi, je t'en prie, à prendre une
« décision, et réponds de suite parce que je veux
« choisir le jour de la Nativité de la sainte
« Vierge si je dois me faire opérer. Je mets toute
« ma confiance en notre divin Maître et sa
« sainte Mère. Dans le cas d'un danger, j'ai tout
« réglé ; inutile de te dire de prier pour ton
« bien-aimé cousin.

« Prie toujours et fais prier. Oui, je sais qu'on
« le fait beaucoup en bien des endroits, et je crois

« devoir à ces prières la dernière consultation
« qu'on m'a donnée, parce que la sainte Vierge
« veut seule ma guérison.

« J'ai été ce matin dire la messe à Notre-Dame-
« des-Victoires; demain, je la dirai au Sacré-
« Cœur. Le curé dont tu me parles ne me fera
« rien. Non, je te l'assure, il n'y a plus que les
« moyens surnaturels ».

Il quitta Paris avec ces sentiments et nous arriva brisé, anéanti, presque mourant. Il regagna Castillon, destiné maintenant à être son Calvaire. Mgr de Pamiers, toujours si bon et si tendre pour lui, l'autorisa à dire la messe dans sa chambre; mais vers le milieu de l'année 1886, il dut y renoncer. Alors ce martyre entra dans sa période complète et il n'y eut plus un instant de trêve et de répit pour le pauvre supplicié. La morphine lui fut conseillée comme calmant. Dieu permit que cette substance, si diversement appréciée, lui rendît les douleurs moins intolérables. Il ne quitta donc plus ce lit de souffrance devant lequel nous venions quelques instants nous asseoir et où tous les confrères et tous les amis le visitèrent pour le fortifier. Ses chairs se desséchaient lentement, mais son âme s'épurait et nous avions d'elle des émanations qui nous remplissaient de tristesse, mais qui nous faisaient bénir Dieu.

« Ne va pas croire que, parce je t'écris moi-
« même, je me trouve mieux; loin de là. La fai-
« blesse me gagne de plus en plus; je commence
« et termine des neuvaines; que le bon Dieu
« fasse le reste !

« Puisque tu ne dois venir que quelques heures
« pour constater une amélioration qui ne se pro-
« duit pas, ajourne ta visite. Si c'est à Barbazan
« que tu vas, envoie-moi quelques bouteilles de
« cette eau qu'on m'avait beaucoup recommandée
« dans le temps. Tu le vois, je veux tout faire
« sinon pour ma guérison, du moins pour mon
« soulagement. Mais veux-tu le dernier mot?
« Pour moi, il n'y a pas de remède; tout doit
« venir du Ciel, et je suis de plus en plus porté
« à demander au bon Dieu de mettre fin à mon
« mal pourvu que je n'aille pas contre ses des-
« seins.

« Impossible de te dire combien je suis ému et
« touché de tout ce que tu fais pour obtenir ma
« guérison. Au milieu des jours si malheureux
« que je traverse, rien ne peut adoucir l'amer-
« tume des terribles épreuves que le bon Dieu
« m'envoie comme les marques de ton affection.
« Eh bien! mon ami, je veux que tu ne te tour-
« mentes plus ainsi. Je n'ai jamais perdu l'espoir
« que le bon Dieu me réserve quelque grâce

« spéciale pour que jamais je ne puisse lui ravir
« un instant du reste de mes jours. Si , en effet ,
« je n'avais pas lieu d'espérer, ne serais-je pas
« déjà parti? Je ne suis plus qu'un squelette qui
« conserve la vigueur et l'énergie qui me carac-
« térisaient. Après une neuvaine, j'en commence
« une autre sans me décourager, et je vais après-
« demain terminer celle de la Sainte-Face. Je
« me recommanderai au Bienheureux dont tu
« me parles. Prie pour moi, car j'ai confiance
« que le bon Dieu ne me laisserait pas longtemps
« dans la souffrance s'il n'avait des desseins sur
« son pauvre serviteur. »

Ce fut sa dernière lettre, écrite le 24 décembre
1886. Il allait le lendemain entrer dans ses
soixante ans, cet âge de la plénitude des travaux et des récoltes. Quelques retours de force,
une énergie qui ne le quittait pas lui donnaient
de rares espoirs. Bientôt ce fut fini, et il ne
songea plus qu'au bonheur de mourir.

Maintenant, du reste, qu'il semblait avoir eu
une claire manifestation des desseins de Dieu sur
lui, il s'en allait sans la moindre tristesse et
même avec joie. Il parlait de ses funérailles
comme d'une cérémonie ordinaire; il recomman-
dait d'avoir certains soins pour les prêtres qui
viendraient lui rendre les derniers devoirs; il

envoyait sa sœur voir si les inhumations ga-
gnaient la place qu'il s'était réservée au cimetière.

Devant nous, que ce spectacle ravissait, il avait
comme des vues plus élevées et plus profondes :
« Que veux-tu que je fasse dans le monde avec
« ma sensibilité et en présence de ce qui se passe
« et de ce qu'on prépare?... Je te plains bien de
« rester, car que vont-ils faire de la France?...
« Et l'Église qui souffre tant... Ecoute, je vou-
« drais te bien placer au point de vue où je
« suis pour te faire apprécier les choses de ce
« monde, et surtout ce qu'on appelle les hon-
« neurs!... »

C'étaient des enseignements sublimes, familiè-
rement donnés; c'étaient comme des éclaircies
sur l'éternité, qui vous charmaient en vous dé-
goûtant de plus en plus de la terre et de ses
misérables intrigues. Sur ces entrefaites, Monseigneur lui envoya le titre de chanoine honoraire de Pamiers. Il fut d'abord touché jusqu'aux
larmes, mais ensuite il dit en riant : « Ça ne fera
pas mal sur ma bière. » Bientôt, il ne put plus
absorber que du lait et des liquides; on nous avait
dit que ce seraient les approches de la fin. Elle
tarda deux mois à venir; mais elle fut telle que
nous l'avions demandée au bon Dieu. On aurait

dit que le mal, fatigué de le torturer, avait désarmé ; il ne sentait plus aussi vivement ses horribles morsures. L'atonie commençait, mais l'âme et l'intelligence demeuraient libres. Il réconfortait l'une par la sainte communion et nourrissait l'autre d'actes de foi et d'abandon complet entre les mains de la Providence.

Le mois d'août arriva, lui suggérant la pensée qu'il irait assister au ciel au triomphe de la sainte Vierge. Ceci devint son idée fixe et il en parlait constamment. Le 11 de ce mois, sans qu'il fût annoncé, le suprême changement survint. L'enflure prit le bas de son corps ; il la montra au jeune négociant, son voisin, devenu son ami, et qui l'avait tant aidé en lui administrant la morphine ; il parut tout joyeux de dire que cette fois c'était bien la fin. On était au jour de sainte Philomène, qui avait été beaucoup priée pour sa guérison et qu'il affectionnait particulièrement. Les sacrements avaient été administrés ; l'athlète rompu, épuisé, allait recevoir sa récompense. Dans la lutte dernière de la vie avec la mort, les secours lui furent prodigués. Le prêtre qu'il aimait comme un fils et qui est un autre nous-même ne le quitta plus ; sa sœur, sa bonne et si dévouée sœur, cette pauvre veuve tant de fois foudroyée par le malheur, se tint à ce chevet pour être l'ange de son agonie comme elle avait été l'ange de ses souffrances et de toute sa vie ; une servante admirablement fidèle, ses amis les plus rapprochés, ce jeune et pieux vicaire que Monseigneur venait de lui donner, tous l'entouraient et virent les efforts faits par cette belle âme pour se dégager de son enveloppe devenue si frêle. Il mourut sur le soir, sans secousses, et le ciel se refléta tout de suite sur ce visage redevenu beau, calme et pur comme le visage des élus.

On garda sa dépouille deux jours, pendant lesquels elle put être visitée et entourée de prières et d'hommages. Le samedi matin, nous accourûmes pour le déposer à la place qu'il avait désignée. Sans plus le montrer à son peuple qui ne le voyait plus depuis deux ans, nous le conduisîmes à son église, où trente prêtres l'accompagnèrent et le bénirent une dernière fois, puis, à côté de cette grande croix de bois où son corps brisé, mais devenu sacré comme une relique, attend la résurrection.

Le ciel était d'une limpidité ardente, le soleil jetait des rayons brûlants, la nature entière semblait chanter le triomphe. Nous le laissâmes le cœur brisé de sanglots, mais l'âme heureuse, et les belles strophes du *Stabat*, qui résumaient sa

vie, sa mort, et le bonheur dont il jouit maintenant, nous revinrent pour nous consoler, et fortifier en nous les espérances immortelles.

> Fac me plagis vulnerari,
> Fac me cruce inebriari
> Et cruore filii;
>
> Quando corpus morietur
> Fac ut animæ donetur
> Paradisi gloria.

Toulouse, Petit Séminaire de l'Esquile, 30 août 1887.

Toulouse, imprimerie Douladoure-Privat, rue Saint-Rome, 39. — 4047